흐트러진 오늘을 비워낸다

이무자 : 방송통신대학교 국어국문학과 졸업, 2011년 〈모던포엠〉 시 등단, 2021년 〈소년문학〉 설화동화 신인문학상, 제주문인협회 회원, 새별문학회 회원, 국보문학회 회원, 운앤율 회원, 온라인설화문화연구소 회원, 시집 『비틀거리는 언어』, 『흐트러진 오늘을 비워낸다』

- E-mail : 7210942@hanmail.net
- C · P : 010-9840-0942

다층현대시인선 169

흐트러진 오늘을 비워낸다

발행일 2021년 8월 10일
지은이 이무자
펴낸이 김동진
펴낸곳 도서출판 다층
등록번호 제27호
주소 (63211)제주특별자치도 제주시 오복5길 10, 1층
전화 (064)757-2265 / FAX(064)725-2265
E-mail dc2121@empas.com

ISBN 978-89-5744-102-2 03810

값 10,000원

* 지은이와 협의하여 인지를 생략합니다.
* 이 책은 Jeju 제주특별자치도와 제주문화예술재단으로부터 제작비 일부를 지원받았습니다.

다층현대시인선 169

이무자 시집

흐트러진 오늘을 비워낸다

다층

* 페이지 시작과 끝부분에 〉표시는 연을 구분하는 표시입니다.

시인의 말

질주하는 시간을 따라
햇살 한 줌 끌어당기려
귀동냥 눈동냥으로
여리게 강인하게 말아 드는
흔적들을 곱게 물들여
오늘을 담고,
오늘을 비워내며,
오늘을 엮는다

이무자

차례

제2부 물들이다

제3부 참 예쁘다

제4부 뭉클하게 다가온다

해설

제1부 나는 설렌다

어처구니 마주잡고

맷돌을 돌린다
설컹거리며 부딪치는 윗돌과 아랫돌

일상의 앙금들을 곱게 간다

어처구니 마주 잡고 돌리는 너와 나
슬픈 가락도 흥겨운 가락으로
살갑게 돌아가는 맷돌

끈끈한 정으로
훈훈한 꽃바람 불어올 때까지
어처구니 마주 잡고
맷돌을 돌린다, 맷돌을 돌린다

거친 손

과수원 올레 정낭
올리고 내리는 농부의 손길
봄바람은
밀감 꽃잎을 흔들어 향기를 보낸다

등줄기로 흐르는 땀 냄새
황금빛으로 가을을 물들이면
"혼 관에 얼마 주엄 신고?"
"게메양? 난 밭으로 폴아수다"

거친 손으로
다가오는 부드러운 숨결
아쉬운 듯 보내는 뿌듯한 미소

그대 체취를 따라

함께하는 꿈을 꾸며
푸른 잎 지는 이 길을 걸어갑니다
푸른 잎 기다리다
생각에 잠긴 늙은 나무들이
색깔이 다른 삶을 살아야 하는 현실에
살아가는 길이 되어
붉은 잎 기다리다
붉은 잎 지고
내 심장 속에 그대가 있어
들려주는 이야기를 들으며
나, 그대 만날 수 없어도
가끔은 원망도 하면서

만날 수 있을까

까칠하게
말라가는
감성의 한 귀퉁이

풀씨 같은
수많은
단어들

흐르는 문장, 문맥에
어울리지 못하고
홀씨 되어 날아간다

어느 계절에 다시 만날 수 있을까

마른 잎 하나

파리한 빛을 타고
바스락거리며
가슴을 파고드는 마른 잎 하나

낡은 행주치마에 남은 얼룩
지워지지 않는 무늬로
역류하는 영상 속 얼굴

문을 열어놓지 않아도
문지방을 넘어
이슬 먹은 동공으로 들어온다

돌가시꽃

흘려 지나쳐도 될 일인데
가시로 온몸을 휘감고
흔들어 휘젓는 너의 언어

뿌리를 내리려
줄기를 뻗으려
살아남으려 토해내는 비명인 것을

왜 몰랐을까
왜 그렇게 섭섭했을까
왜 나를 내려놓지 못했을까

그날
바람은 꽃잎을 흔들었고
파도는 하얗게 물거품을 일으켰다

원추리꽃

까칠하게 불러대며
너를 흔들어 놓는 바람

흙 한 줌 넉넉하지 않은
갯바위 같은 각박한 땅에
발을 딛고 서서도
무너지지 않으려 뻣뻣하게 잡는 줏대

버틸 때까지 버틴다며
나바론 하늘길 절정에
고개 치켜세우고 핀 원추리꽃

이순의 봄

목련 봉오리 배시시
입을 열던 봄은 꿈결인 듯

희끗희끗 서리가 내리더니
하얀 눈이 소복이 쌓인 정수리

아련한 눈으로 바라보다
염색약을 열어 들었다

제1 염료와 제2 중화제를 섞어
꼬리 빗으로 가르맛길에 쌓인 눈을 치운다

바람이 불어온다
머릿결을 흔든다
이순의 봄 향기가 피어오른다

2월은

양력 2월 입춘일 새 철드는 날
세경할망 자청비
오곡 씨앗 골고루 드려오고

음력 2월 영등달
영등할망 해산물 씨앗
골고루 바다에 뿌리고 가시니

2월은 생명의 씨앗 품는달
풍요와 풍어를 가슴에 심는 달

달빛으로

누가 깰까 조심스러운 까치걸음
베갯머리 돌려 가만히 들어보는 귀 울림

파리한 달빛 나뭇가지에 걸리면
조용히 날 부르는 손짓
부스스 그림자 따라가는 눈동자

현관문 덜컹거리는 바람
문 두드리며 서 있는 어머니 인기척
반가운 마음에 달려가 문 열어보았지만

어머닌 어디에도 보이지 않고
바람마저 빠져나간 텅 빈 고요 속
너울너울 애틋한 함박눈 춤사위

멀찍이 웃으며 허공을 걸어오는 달빛
이 밤 달빛으로 오셨나요. 어머니

노송을 바라보며

신촌 바닷가 올레길
갯바위를 베개 삼아
해풍을 품은 늙은 소나무가 길게 누워있다

누워있어도 향기는 여전히 짙어
코끝을 자극하는 세월의 깊이
딱딱하게 굳은살을
어루만져 보기도 하고 툭툭 쳐보기도 하지만
발길을 잡는 전율에 그저 바라볼 뿐
그 속을 들여다볼 수도 읽을 수도 없다

물결에 밀려 부서지는 파도를 닮은
내 아비의 삶을
다 읽을 수도 이해할 수도 없어
솔잎 끝보다 더 뾰족하게 쏘아붙이고
문 앞을 서성거리다
무작정 걸었던 그 날처럼

상처마저 살이 된 늙은 소나무 앞을 지나
끝이 보이지 않는 바다를 바라보며 걸어가는 길
계절은 또 지나간다

낡은 시집 한 권

진품명품

티브이 프로를 보다

내 안으로 들어온 낡은 시집 한 권

이 밤!
긴 여운을 남기는 유성을 찾아
필사를 하다 이어진 패러디

나의 초심

세파에 찌들어 숨어버린

나의 초심 어디 가서 찾을까

나의 초심 어디 가서 찾을까

굴속을 더듬어 볼까

바다 밑을 뒤져볼까

솜털 빽빽이 박힌 버들눈을 들여다볼까

아득하게 올려다보는
하늘가 어둡고 막막하다
아, 나의 초심 어디 가서 찾을까
지향할 수 없는 나의 마음, 답답한 이 마음!

* 변영로 시인의 「조선의 마음」 인용

날아오르려

숨 막히게 밀려드는
절박한 현실에 끼어
잡초로 뽑혀 버려질까

납작 엎드려
눈뜨는 순간부터
잠드는 순간까지

흔들려 쓰러지지 않으려
짧은 봄 햇살 한 줌을 기억하며
날아오르려 바람을 타는 민들레 홀씨

잣담에 핀 동백

태우리의 고달픔 삶이
쌓아 올린 경계의 돌담 틈으로
바람은 웅성웅성 숨골을 열어
시간들을 마름질하며
소통의 길 따라 손 내밀어 손을 잡고
그 누구보다도 당신을 사랑한다며*
불꽃을 피워 올리는 동백나무를 키웠다

얼~수 꽃바람의 추임새
두리둥실 경계의 벽을 넘어 피어나는 웃음꽃

* 동백꽃 꽃말: 그 누구보다도 당신을 사랑합니다.

나를 비운다

저녁 설거지를 끝내고
물 한 사발 떠
싱크대에 올려놓고
대물려온 촛대에 불을 밝힌다

다 주어도 후회 없다는 듯
타오르는 불꽃

스스로 자신을 태워
한 방울의 눈물까지도
흔적 없이 사라져버릴 너를 바라보며
아끼고 싶었던 갈망에 흐트러진 오늘을 비워낸다

나는 설렌다

꼼지락꼼지락
나를 설레게 하는 너

빛의 움직임에
눈꺼풀 깜박이다

쌩긋!
애기할망 같이 놀아 주네

먹구름 가득 찌든
내 가슴을 녹여 주는 너

* 2019년 11월 1일 태어난 둘째 손자와의 첫 만남

기원 도구리

노을이 곱게 내려앉는
바닷가로 들어서는 작은 문
그 통로로 몸을 들이밀고
얼굴을 내밀어 하늘을 올려다보았다
노을빛이 시리게 눈으로 들어온다

예순 중반을 바라보는
이 나이에도 드릴 기원이 남아
좁은 문을 통과해
기원의 도구리를 찾아서
울퉁불퉁한 갯바위를 걷고 있는 나

그땐 몰랐다

꽃씨만 심으면
꽃을 피운다는 것은
너와 내가 하나의 끈에 묶여
눈발 휘날리는 벌판에서 추위에 떨기도 하며
바람 솔솔 불어 꽃을 피우는 줄
쏟아지는 빗방울에 젖기도 하고
햇살을 기다리다 부서지는 바람 소리에
쓰러지고 다시 일어나는 시간의 무늬로
그때는 몰랐다
피어난다는 것을
열매를 맺는다는 것을

그 마음

계단 앞에 놓여있는
낯익지 않은 비료 마대
속을 들여다보니
참비름 한 줌, 대파 몇 뿌리, 상추 한 움큼
흙냄새 땀 냄새 한가득 담겨있다

조물조물 참비름 무치면서
파 송송 썰면서
눈꺼풀 깜박이면서
다리가 성치 않아 계단 앞에 두고 간
팔순 시누님의 얼굴을 떠올리면서

넓적한 상춧잎에
그 마음을 올려놓으니 한입 가득 볼이 터지겠다

결막염

미세먼지 농도가 나쁨
외출에서 돌아와
손을 씻고 거울을 본다

선연하게
핏줄을 터트린
홍매화 두 송이

언제 피었지 저 꽃
내리깔리는 눈꺼풀 춘곤증이 밀려온다

꽃등
— 백년초

폭풍우에
떠밀려 떠돌다
제주의 거친 화산암에 잡혀

모질게 불어대는
짜디짠 갯바람에 맞서며
모래톱, 바위틈에 뿌리내리는 세월

온몸으로 전달하려는
가시 돋친 언어의 승화
내 안으로 들어와 노란 꽃등을 켠다

스토커

— 몸살감기

며칠 전부터 누군가
내 주위를 맴돈다는
불안한 느낌에
완전무장하고 경계를 하는데

딱 마주친 음흉한 눈동자
놀라 뛰쳐나가는 기침
겁먹어 오금 저린 몸은
오한이 들어 사시나무처럼 떨고 있다

배와 도라지를 끓여 마시면
기침을 멈추게 하고
유자와 생강을 끓여 마시면
오한이 떨어진다는 할머니 처방전을 떠 올린다

끈질기게 따라다니는 스토커를 따돌리려
할머니의 비법을 끓여 마신다
꿈결인 듯 스미는 할머니, 참 따뜻하다

쌍무지개 떴다
— 노사갈등

연일 내게 전해지는 건조주의보
봄 가뭄에 여기저기서 화재를 일으키듯
주책없이 터지는 불길을 삭힐 수 없는데

오늘은 단비가 내린다
고사리 장마라도 올라나 내심 반가운데
반짝 여우볕 내리더니 서로를 이어놓는 선

선명한 일곱 빛깔
그를 향하여 손을 뻗는 순간
이어지는 또 하나의 곡선, 쌍무지개가 떴다

쌍무지개 뜨면 비가 그친다는데
아직 가뭄이 해갈되지 않았는데
서로의 감정은 원점에 서 있고
우린 팽팽하게 다시 줄을 당기고 있다

아! 이 맛이네
— 김밥을 말다

시금치에 시자도 보기 싫다며
돌아서서 아삭아삭 씹는 당근, 단무지

친정집 툇마루
바느질하시는 할머니 등에 기대듯

만만한 것이 달걀
훌훌 휘저어 지단 붙이고

심장으로 먹은 세월
살살 일어 지어내는 쌀밥

서슬 퍼렇게
요동치는 해풍을 품은 돌김

서운한 미움도 정이라
시간의 회전에 돌돌 말아 간을 보니

아! 이 맛이네
오방색이 어우러져 살아가는 삶의 맛

제2부 물들이다

씁쓸하다 그 바람

편도가 부어 입원한 손자
링거 줄로 떨어지는 수액이
눈물 되어 가슴이 젖어있을
며느리를 생각하며 퇴근길 분식 가게에 들렀다

김밥 몇 줄과 만두를 주문
김밥을 호일에 둘둘 말아
검정 비닐봉지에 담는 가게주인
만두 역시 검정 봉지에 담는다

검정비닐 속 만두 서로 엉겨
속이 터지겠다고 수근거린다
바스락바스락 비닐 구겨지는 소리
나는 빈손으로 가게를 나와 버렸다

만두피보다 더 얇은 가슴으로 이는 씁쓸한 바람

메밀꽃 흐드러지게 피면

올해도 흉년이라며
아낙들 긴 한숨으로 뿌려져
하얗게 별을 쏟아내는 넌

화산섬 거친 땅
돌 바람 외세에 시달려
허기진 배를 채워주던 메밀 범벅으로

짭조름한 무채에 어우러져
동이 구덕 가득 정을 담아
울담 넘어 부조를 전하는 빙떡으로

자청비의 설화를
삼별초의 역사를 둘둘 버무린
울 할머니 쌈지 속 이야기로 흐드러지게 피어나네

시린 손

마땅히 심을 때도 없으면서
무작정 얻어온 꽃무릇
어디다 심을까 궁리궁리하다
뒷 베란다에 쪼그려 앉아 있는
항아리들이 생각나 들여다보았다

선달그믐 장 담그는 날
검붉게 시린 손이
물 한 사발 떠 올리고
식구들의 안위를 빌던 손이
붉은 꽃잎으로 피어, 내게 손을 흔들고 있었다

쉰다리

이상기류의 흐름 때문일까
후텁지근한 집안 공기 때문일까
부패하여가는 찬밥 한 덩이
쓰레기라고 버려지려는 순간, 누룩이 손목을 끌어 잡는다

부글부글 끓어오르는 분노
웅크리고 버둥거리며 살을 녹이는* 진화(鎭火)의 시간
아픔을 끌어 안아주는 누룩이 따뜻한 발효
유산균 음료 쉰다리로 제2의 삶을 살아가는 쉰밥

여름 한낮의 기억을 더듬어내는 속 쓰린 시장기
새참으로 나누어 마시는 쉰다리 한 사발
털털하게 터지는 농부의 웃음소리에 익어간다
가슴 한구석에 꼬깃꼬깃 꾸겨두었던 허기진 보릿고개 이야기가

꽃망울 터트린 백신

요란하게 한해를
가두어 놓고도 모자란 지
아직도 주위를 맴도는 코로나 19

꽃놀이 꽃길에
출입금지령을 내려
상춘객의 발길이 끊어져도

매화꽃, 벚꽃, 유채꽃
봄의 전령사들은
짙은 향기로 백신 꽃망울을 터트렸다

송담주

나이는 들었지만
여전히 상큼한
실록을 뿜어내는 노송

지칠 줄 모르는 끈기
넘치는 활력으로
뻗어 오르는 담쟁이

둘이 어울려 빚어낸
송담주 한잔이 풀어주는 어혈
고단한 하루에 기를 불어넣는다

본명

세상에서
가장 아름다운 이름 뒤에 감춰져
불리지도, 불으려 하지도 않는 이름

이순이 넘은 이 나이에도
당신의 본명 익숙하지 않아
엄마하고 부르면
눈물이 목구멍을 넘어
가슴 한쪽이 아려 오는 이름

서리꽃

시뿌연 안개가
무자년 새벽하늘을 뒤덮었다

소 울음소리를 내며
피비린내가 그녀를 움켜잡는다

순간
와르르 무너져 떨어질까, 눈물 들킬까

가쁜 심장
깨무는 파리한 입술 응고된 속울음

시린 가지마다 매달더니
하얀 고깔 눌러쓰고 서리꽃으로 피었네

오뉴월
그 뜨거운 햇살도 녹이지 못하는 서리꽃으로

사라져간 이름

입술을 깨물며
산을 올라야 했던
무자년 그해 그 겨울
진동하는 피비린내를 구전해주던
아버지도 삼촌들도 박성내 ᄃᆞ리도
연좌제에 걸릴까
4.3 공원 위령탑에
이름 석 자 올리지 못한
큰아버지의 4.3도
울 할머니 어깨에 숨죽여 흐느끼다
꽃비로 흩뿌려 날리다 사라져 가버렸다

비

아낙들의 수다처럼
조립식 건물 지붕으로 주절주절
떨어지는 빗방울이 발목을 잡는다

주저앉아 듣는 빗소리에
떠오르는 얼굴
쌩긋 웃어주는 햇살에 까맣게 잊고 살았는데

살다 보면 이런 날도, 저런 날도 있다며
어깨를 토닥여 감싸주던 어머니
먹구름 낀 가슴으로 주적주적 비가 내리는 날이면

울고 싶어
당신을 찾는 건 아니지만
당신이 있어 마음껏 울 수 있었습니다

봄비

고사리 오므렸던 손 활짝 펴
한 움큼 받아 든 이슬
저울대에 올려 체중을 달고

또르르 물방울
애교스럽게 눈 흘기듯
풀잎을 물어다 겨울을 풀어내던 날

속살속살
안개비 속을 걸어 나오는 꽃눈

버려진 대가리

거리에 늘어선 가로수
제 그림자 말아 드는 저녁
마트에 찬거리를 사러 갔다

생선코너에 들러
꽁꽁 언 동태 한 마리 골라
손질을 부탁했다

생선코너 직원
대가리는 먹을 게 없다며
잘라 쓰레기통에 버린다

어차피 쓰레기라
생각을 하니
나 역시 아깝지 않았다

그를 지탱 해주던
마지막 남은 자존심
여지없이 잘려서 버려졌다

토막 난 몸뚱이는
식탁 위에서 신판을 기다린다

바람이 머무는 계곡

숨을 참으며
나를 들어 나를 올려놓고

가슴으로 빚는
작은 심지에 불을 켜
두 손을 모아 드리는 기원

폭우에 넘어지고
시간의 흐름에 쓸려가도
소망으로 다시 쌓아 올려지는 돌탑

간절한 바람이 머무는 계곡, 백담계곡

미소를 마신다

부리부리한 눈 살짝 내려
만수사 전설을 안고
두 손 공손하게 서 있는 동자복
복신미륵 발아래 삼다수 한잔 올리고

뱃고동 소리 멈추는 만덕 객주에 앉아
걸쭉한 탁주 한 사발에
아련하게 이어지는 역사를 넘기며
만덕거상의 얼을, 동자복의 미소를 마신다

물들이다

수다를 떨 듯 도란거리는
봉숭아 꽃잎 속에 앉아 나를 물들인다

눈 감으면
희미한 여름날의 기억들
꽃잎 한 움큼 뜯어
명반 찧어 열 손가락에
무명실 칭칭 동여 밤을 말리면

손톱마다 떠오르는 붉은 달
발그레 가슴에도 꽃물이 들어
첫눈 내리는 날까지 떠 있어야
사랑이 이루어진다는 속설에
설렘으로 꿈을 낚으며

길어도 자를 수 없고 닳아질까 애가 타
들려다 보고 또 들려다 보던
반달이. 초승달이. 그믐달이.
마른 잎 바스러지는
내 안에서 재잘재잘 꽃물을 들이고 있다

목련꽃 지던 날

당신이
내게 전하고자 했던 말
알아듣지도 읽어내지도 못했습니다

소리 없이 힘겨운
입술의 움직임만 각인되어
파리하게 흐르는 여운

시리게 빗물이
목련 꽃잎에 떨어지던 날
떨림으로 흩어져간 당신의 언어

아직도 미상으로 내 눈가를 적십니다

매니큐어

시집간 딸아이의 방을 정리하다
내 눈 속으로 들어온 매니큐어

나는 훌쩍 날아 꽃그늘에 앉아
손톱에 꽃물을 들이고 있는데
어느새 단풍이 물들고 있었다

노을이 창가를 물들이고
바람 빠진 풍선이 쪼그려 앉아
스치듯 지나가 버린 시간들 위에 매니큐어를 덧칠하고 있다

후후 불면서 중얼거리면서
풍선에 바람을 불어놓듯
나는 나의 지난 시간을 완성하고 있었다

저기 아이들이 아이를 안고 들어온다

맛있는 봄날

풋내가 스멀스멀 피어오르는 그 집
찌개 맛이 기가 막히다
인스턴트라고 살짝 귀띔 해주었다

끄덕끄덕 고개를 돌려
주방의 새댁 얼굴을 훔쳐보았다
사과 빛 볼에 수줍은 미소가 후식으로 나왔다

참 예쁘다
내 딸
꽃눈을 밀어 올리는 봄날

“에취” 무섭다

겨울의 시샘은 어디가 끝인지
날씨는 왜 이리 쌀쌀한지

따스하게 웃어주던 미소
마스크에 갇혀 볼 수 없다

언어는 쉰 소리의 파장으로 흩어지고
온몸이 오돌오돌 떨려온다

자목련은 벌써 지고 없는데
미소가 사라지면 봄도 도망가듯

초여름을 향하여 내 달리는
“에취” 재채기가 무섭다

그립다

오랜만에 친구들을 만났다
너는 나를 나는 너를 툭 밀어낸다
주먹을 불끈 쥐고

반갑다며 주먹을 내민다
나도 주먹을 내민다
서로를 밀어내는 주먹 인사

안부와 감사 화해로 서로를 따뜻하게
끌어당겨 이어주는 손 인사
현실의 배려이지만 삭막하다

* 주먹 인사 : 2020년 코로나로 탄생한 인사법

꽃무릇
— 수도승의 사랑

내 심장에 네가 있어
내 심장은 불꽃같이 뛰고 있습니다
그러나 차마 말할 수 없었습니다
당신과 함께하고 싶다고

열꽃으로 타오르는 가슴
끝내 열어 보일 수 없어서
온몸을 태우고 태우다
이 가을!
각혈하듯 핏빛 울음을 쏟아냅니다

제3부 참 예쁘다

환산

돼지저금통이 굴러떨어졌다

순간!
와르르 탈출을 시도하는 동전들
이 구석 저 구석 사방으로
지난 시간들이 짤그랑거리며 흩어진다

하나 둘 셋……
예순 하나 둘 셋……
세어 들어가는 숫자들에
손끝이 저리고 눈이 침침하다

동전의 무게는 더 무겁다
지폐로 환산해야겠다, 가볍게

찔레꽃 향기가 난다

종종거리는 일상을 벗어나
살가운 바람에 떠드는 수다
찔레순 따다 가시에 찔린 아픈 이야기
꼬리에 꼬리를 물어 이어지는데

"너 서방 죽어 봤어?"

흥을 불러들이는 북소리
남이야 머라 하건 말건
찌그러진 깡통 들이밀며
객쩍은 농담도 서슴없이 주고받는 그녀

스물다섯에
지아비 저세상 보내고
두 살, 세 살, 오누이 젖가슴에 품고
거칠고 척박한 세상에 뛰어들었다며

눈물이야 그까짓 것 삼키면 그만이지
혀를 깨물며 내뱉는 가시 박힌 언어
북 울림 속으로 흩어지는 울음
소맷자락으로 피어나는 하얀 찔레꽃

헛꽃

산수국 꽃대에 매달려
잉잉대는 벌을 유혹하는
가난한 심장을 가진 헛꽃

차가운 심장을 가진
참꽃의 꽃가루받이가 끝나면
미련 없이 돌아서야 하는 시린 색

4.3에 지아비 잃고
시리도록 쏟아져 내리던 눈물보다
더 시린 아픔을 안고 살아가는 씨받이

애간장 끓어내는 짧은 인연
청산 허씨 종손 집 안방에 남겨두고
매정하게 돌아서는 개똥이 어멍

가슴으로 빚어내는 물빛 언어
속없다 흔들어대는 속절없는 바람
쓰러지지 않으려 피어나는 파리한 꽃잎

행운

둘레길을 걸어가다
만난 연초록빛 클로버

나는 세 잎을 밟으며
네 잎을 찾으려 잎사귀들을 들추다
허기져 주저앉아 주위를 둘러보았다

토끼 꼬리같이 몽글거리며
앙증맞은 하얀 꽃송이들
나를 바라보며 웃고 있다

네 잎 클로버 잎사귀가 햇살에 반짝인다
두 아이가 달려와 내게 안긴다

* 세 잎 클로버: 행복, 네 잎 클로버: 행운

행복 바이러스

말을 배우기 시작한 손자
하비 하미 두 자리에서
하브비 하므니 세 자리

모음 자음 빼고 더하며
손짓 발짓을 곱하며
표현을 나누기하는 의사소통

입술 오물오물
서투른 말, 짧은 혓소리에
덩달아 짧아지는 나의 혓소리

살금살금 야위어 가는
가을 끝자락
바스러지는 갈잎 사이로
포복하듯 번져가는 세 잎 클로버

한라산 일출

1950미터를 걸어 오른
새해의 소망과 다짐들
동쪽 바다를 향하여 언 손을 모은다

솟아오르는 붉은 불덩이
구름 위로 올려놓는 한라산
백록담 알림 석에 기대어 찍은 기원

카톡! 한 음절로 내게 당도한
2020. 1. 1 경자년 찬란한 한라산 일출

순간!
지나간 숫자들을 모아 덧셈을 하는 나

* 2020년 아침 조카가 한라산 정상에서 찍어 톡으로 보내온 일출을 보며

팔은 안으로

바깥을 향해
뻗어가고 있는 것 같지만
안으로 파고드는 가지들

팔을 밖으로 휠 수 없어
내 새끼가 최고인 양
쓴소리인들 들릴까

나이테 같은 과녁판
가슴에 붙이고
팽팽하게 안으로 당기는 활시위

참 예쁘다

죽비 같은 파도 소리
귓전을 때리는 해안 길
무심코 들어선 무인카페

꽃차 한 잔을 들고
테라스 의자에 앉아 바라보는 노을빛
은은하게 피어오르는 찻잔 속 갈색 향

나는 노을을 바라보다
찻잔 속 가을을 바라보다
건져 낸 말
"참 이쁘다"

제비꽃

처마 끝을 이리저리 살펴
건축설계를 마친 제비 부부
한입 두입 자재를 물어다
소박하고 아담한 토담집을 지었다

바람이 살짝 귀띔해 준다
제비네 집 식구가 늘었다고

턱을 괴고 앉아
꼬물꼬물거리는 다섯 남매
어미의 인기척에 주둥이를
일제히 벌려 피워 내는 노랑제비꽃

등나무

평생을 함께이고 싶다고
에둘러 말한다는 것이
비비 꼬인 언어로 뒤틀어 휘감아도

꼬인 마음 풀어 놓으면
섬 하나를 품고도 남겠다며
너털웃음으로 갈등을 어루만지는 너

내 곁에 네가 있어
시간을 꽃차례에 꿰어 보랏빛 주렴(珠簾)을 엮는다

참 다행이다 2

눈에 익은 연보랏빛 가지꽃
친숙한 마음에 손을 뻗었다
뾰족한 가시가 손끝을 찌른다

가시를 숨기고
환하게 웃고 있는 모습
낯설고 믿을 수가 없다

언제부터
가시를 키웠을까
믿는 도끼에 발등을 찍힌 듯 분하다

끓어오르는 화를 억누르며
다시 자세히 들려다 보았다
가지 꽃을 꼭 닮은 도깨비가지다

참 다행이다, 진실이 왜곡되지 않아서

입주

3월의 성긴 햇살도
산바람도 들바람도 술렁이다
느닷없이 쏟아지는 싸락눈에
사려 앉는 서러운 봄날

여든셋!

꾸우욱 눌러 담은 생의 향기
한 줌 재로 사위어
2019년 3월 6일
양지공원 108동에 문패를 다셨다

독도

삼봉도, 우산도, 가지도, 돌도, 독도
굴곡진 지층으로 쌓인
오천 년 역사를 지켜보며
곧은 듯 날카롭게 치솟은 선

수심(守心) 깊은 독도 지킴이 안용복
그 강인한 뿌리가 끌어당기는 힘
긴박한 30분!
내 눈과 가슴에 각인된
그대 몸에 새겨진 대한령(大韓領)

* 2019년 6월 독도 탐방

독도를 바라보며

취한 척 시도 때도 없이
휘저어 떠다니는 오랑캐
낯붉히며 밀어내는 해넘이

오열하며 울어대는
괭이갈매기 각혈로
하얗게 물을 들이는 바위섬

네가 강인하게
자리를 지키고 있어서
인증샷을 남기는 30분의 여유를 누린다

울릉도 촛대바위 청솔

흙 한 줌 발붙이기 힘든 촛대바위
안간힘으로 뿌리를 내리려는 청솔
휘어져 구부러진 가지마다
역사가 자리하여 끊임없이 이어지는 묵객들
달빛을 끌어당겨 시를 쓰고 풍경화를 그린다

둥둥 울려 퍼지는 풍물패의 길트기
너울 두둥실 갈매기 날갯짓
하얗게 소맷자락 흔들어대며 울부짖는 파도
바다는 풍랑 주의보를 내려 나를 붙잡는다

울 엄니

물방울이 눈으로 떨어져요

까막눈 울 엄니
밭일 마치고 저녁마다
주민 센터로
한글 배우러 가시더니
거북 등 같은 손으로
써 내려가는 기역니은
호미 잡고 밭 일구던 손
가슴에 한으로 멈춘 세월
한 줄 두 줄 시어로 풀어내시는 울 엄니

오름에 앉아

하루가 힘들고 고달플 때
바다가 보이는 오름에 올라
수평선 끝자락에서
붉게 물들이며 다가오는
노을을 바라보며 숨을 고르며
바람의 내미는 손 거부할 수 없어
온몸으로 고통을 풀어내는 춤사위
물보라로 하얗게 부서지는 파도 소리를 들으며
힘들고 아프다고 소리 지르는 나를 다독인다

오 부제의 봄

코로나 19 바이러스가 전국을 휘감았다
헛기침 소리에도
화들짝 놀라는 경계의 눈초리
마스크 두 장을 사기 위해
약국 앞에 길게 늘어선 시선들
몸도 마음도 얼음장이다
꽃샘바람보다 더 매서운 칼바람이 분다

영등할망 새별오름 오르다

영등달 초하루
바람 한 점 없이 따뜻하다

영등할망
호장영등 앞세워
바람길 따라 휘저어 다니며

사람들을 해코지하는
코로나 19 한방에 아웃시키려
새별오름에 방애*를 붙인다

코로나 19 바이러스여
영등할망! 쏴 올린 불길에
흔적 없이 재가 되어 사그라져라

소망의 불꽃이여
행운의 불꽃이여 활활 솟아올라라

* 방애: 병충해를 없애 양질의 목초를 얻기 위해 목장에 불을 붙였던 제주의 목축문화
* 2021년 양력 3월 13일, 음력 2월 1일, '코로나 19 아웃' 슬로건을 내걸고 들불축제 하이라이트, 오름에 불 놓는 날과 영등할망 들어오는 날이 겹친 날

실버 태권도 시범단

은빛 머릿결 출렁이는 새별오름 억새
올리고 내리고 뻗는 팔다리

하나, 할 수 있다
둘, 할 수 있다

노,
인,
태,
권.

우렁차게 울려 퍼지는 기합 소리
새별오름이 한순간 환호성을 울린다

얄밉다! 저 바람

고달픈 하루를
강물에 띄워
멀리 보내버리고 싶은 날

어둠이 내린 탐진강
물결 위로 스며드는 불빛
별이 되어 내 안으로 쏟아진다

길게 늘어선 징검다리
천진스럽게 첨벙첨벙
동심으로 나를 뛰어들게 한다

시간이 멈추었으면
얄밉다!
일상으로 나를 밀어 넣는 새벽바람

궁정의 눈으로

— 2018년 12월 28일 일기

30, 40, 50, 60대가 한자리에 모여
2018년을 보내며 다가오는 2019년을 이야기한다

부딪치는 술잔에 마주치는 소리
30대는 들어주고
40대는 망설이고
50대는 지나온 세월을
열변을 토하며 술잔을 흔든다

60대는 긍정의 눈으로
고개를 끄덕이다 가끔 맞장구를 친다

제4부 뭉클하게 다가온다

항몽의 숲으로

역사의 뒤안길로 사라져간
나라를 향하여 내달리는 발끝에
내 눈빛은 광선을 내뿜고 심장은 퉁퉁 뛰고 있다

이명인 듯 휘어드는 말발굽 소리
시뿌연 재가 토성을 뒤덮듯
하얗게 민들레 씨방이 바람에 날린다

제각각 떠돌다 내 안으로 들어오는 홀씨들
장털못, 장수물, 구시물, 살 맞은 돌……
오방기가 펄럭인다

스카프는 내 목을 감싸며 바람을 잡는다

파파빌레*

12간지 동물들을
물고 뜯고 괴롭히다
동물학대죄에 걸려
바농오름 앞 벵듸에 갇힌 전설의 화룡

가시덤불로 눌려있는
흙을 걷어달라
봄바람으로 사근사근
갈바람으로 한들한들 속살거림에 이끌려

파파가 걷어내는 땅 아래
갈기갈기 찢긴 고통의 흔적
고스란히 새겨진 지형을 품어
기운을 불어넣으려 꿈틀거리는 흑룡

전망대에 올라 돌 지도를 바라보았다
얼룩진 풍파를 품은 한반도가 내 안으로 들어온다

* 제주특별자치도 제주시 조천읍 와흘리 빌레공원

토성 가는 길

항몽유적지 북쪽 토성 탐방로
분지에 피어있는 코스모스

태풍 링링이 휩쓸고 간
아픔 기억을 떨쳐 버리려는 듯
여리게 어깨를 가만가만 들먹인다

허우적거리는 고통으로
쓰러져간 삼별초군
마지막 격전지의 패배로 절절하게 울부짖음

말꼬리에 빗자루를 매달고
재가 깔린 토성 위로 말을 달려
안개 속에 성을 숨기며 새로운 고려를 꿈꾸던 삼별초

외세에 맞서 온몸을 내던졌으나
검붉은 피로 섬을 물들인 꿈과 좌절의 역사가
코스모스 꽃잎에 오버랩되어 내 안으로 들어온다

콩 세 알짜리 밭

서로를 위하는 마음이
웃사람을 공경하는 마음이
거친 풍랑에 휩쓸려
회오리치는 물길을 헤지고
아홉골왓*에 골골이 뿌려져

툭툭 던져지던 우스갯소리에
튕겨 나오는 작은 콩알들
조각조각 흩어지는
시간의 흔적을 붙잡아
급물살에 밀려 사라져 가는 장유유서

각박하고 메마른 대지에서도
흔들리지 않는 뿌리로
어제와 오늘 그리고 내일로 이어지길
무언으로 다가와 나를 깨우는 콩 세알

* 제주특별자치도 제주시 애월읍 곽지리에 전해지는 아홉골왓의 전설

地는 여전히 호흡하고 있네, 봉아오름

모든 것을 다 내어주고도
후손의 잘 되기만을 비는
어버이 마음을 닮은 오름

심신(心身)을 단련할 수 있게
심장을 내어주고
양어깨를 활짝 벌려 끌어안은 대기고

생동하는 호기심
타오르는 배움의 열기
미래로 달려가는 꿈의 나래

비상할 수 있게
설문대할망이 기를 품은
오름의 정기 배움의 숲으로 끌어올려

살점을 다 떼어주어 원형은 사라져도
붉은 흙 깊숙이 뿌리 내리고 있는
청솔들의 길게 뿜어내는 피톤치드

그 사이로 쏟아지는 햇살이 눈 부셔
지그시 눈을 감으니
54인의 마을 어르신들의 미소가 뭉클하게 다가온다

조앙물

조앙중발에 정화수 떠
부뚜막 위에 올려놓고
향 피워 불 밝힌다

채우려 허덕이는 삶 속에
물의 마음으로 너그럽게
불의 마음으로 따스하게

비워내고 씻어내지 못해
찌꺼기가 눌어붙어
너덜거리는 욕심들 삭혀 주시길

물과 불 재복의 신 조왕할망
태워내는 촛농이 연꽃으로 피어나길
그믐달, 보름달을 바라보며 모으는 두 손

장수물 앞에서

삼별초의 패배로
스스로 목숨을 끊어야만 했던
김통정 장군, 당신의 오열인가요

암석에 남긴 족족은
긴 세월 숨죽인 흐느낌
마르지 못한 눈물 같은 물줄기로
가슴에 가득 고인 한, 흘려보내고 있나요

나는 장수물 샘에 가득 떠 있는
솔잎들을 건져 올리며
호흡을 가다듬으며 넌지시 물어봅니다

장수물 1

항파두성 서쪽 소왕천 줄기
우거진 솔숲 아래
암석을 뚫고 솟아오르는 장수물

돌아설 수 없는 벼랑 끝
하늘을 우러러 탄식하며
토성에서 뛰어내렸던 그 날

가슴 저 깊은 곳에서
끌어올린 통곡의 눈물
바위에 벗어놓은 횃부리로* 솟아

삼별초 항쟁의 역사
검붉은 흙에 묻혀 버릴까
과거를 지나 현재, 미래로 흐르고

나는 시간을 거슬러
700여 년이 지난 고려시대에 서 있다

* 횃: 고려장수들이 신었던 가죽 신발

장수물 2

항파두성의 함락으로
무너진 토성에 깔려
검붉은 피를 토하며 쓰러져간 삼별초군

마지막 격전지 붉은 오름의 패배
스스로 목숨을 끊으면서
삼별초군의 항쟁은 끝이 났지만

아직도 다 삭히지 못한
울분을 게워내듯
끊임없이 솟아오르는 기포들

돌아설 수 없는 절박함 속에서도
물 귀한 땅, 마르지 않는 물줄기로
제주인의 가슴 속으로 파고들어
파랗게 돋아난 이끼 틈으로 솟아오르는 불멸의 꿈

자당화는 고왔다

항파두리 토성 길
낡은 집, 낡은 벽에 낙서처럼 쓰여 있는 글귀

「더는 물러설 수 없는 곳 제주
두려움과 희망은
늘 바다에서 밀려온다 -1271년」*

강화에서 진도
제주로 이어진 삼별초의 꿈
회오리치는 해풍에 휘감겨
바닷속으로 내려앉아 버렸던 그 날

「그날 하늘은 파랗고 땅은 붉었다
그리고 자당화는 고왔다 -1273년 4월」*

항몽의 역사 속 국화
자당화는 포토존으로 피어나 있었다

* 인용: 항파두리 토성 내에 낡은 건물 벽에 쓰여 있는 글
* 자당화: 산수국의 다른 명칭

웃무드내 궤당

옥황상제의 막내딸
사흘 양식을 짊어지고 한라산 유람을 한다

'신선놀음에 도낏자루 썩는 줄 모른다고'
아름다운 풍경에 취해 양식이 떨어져 허기지자
까마귀에게 사정 곡식 낟알을 얻어 까먹었다

자신의 노력 없이
남이 애써 가꾼 곡식을
공짜로 까먹은 죄를 물어 딸을 쫓겨낸 옥황상제

조건 없이 주는 사랑보다
노력과 인내를 가르치는
아버지의 뜻깊은 사랑인가

막내딸이 자리한 궤당을
지켜 달라 심어놓은 구실잣밤나무
오백 년 넘는 세월을 묵묵히 궤당을 지키며 서 있다

오석불*

척박한 땅 현무암에 자연스럽게 스며
투박하면서 인자하고 해학적인 표정들

하늘을 담은 상세경 문도령
해학을 담은 하세경 정수남
땅을 품은 농경신 자청비
자손을 점지하시는 삼승할망
건강을 살펴주시는 일뤠 본향할망

세월과 더불어 살아온
제주인의 혼 새미마을 수호신
정월 초정일 석불마다
백지 옷 입히고 고깔 씌워
허리에 실을 매어 예를 갖추면

자손을 점지해 달라고
마을의 편안을 풍요를
집안의 안녕과 건강을
비는 이들의 마음속으로 들어와
흡족하게 답례하여 주시길 두 손 모으는 마을 사람들

* 제주특별자치도 제주시 회천동 화천사 내 돌미륵

영주산

신비로 가득 채운 안개 속
청초하게 피어있는
산수국 꽃잎에 눈을 맞추며
영주산 정상에 올랐다

한눈에 들어오는 오름 군
일렬로 늘어선 풍차의 날갯짓
천미천 구비 쳐 흘러드는
표류 수가 머무는 성읍 저수지

혀끝에 감도는
오매기 술 한 사발에
육 백 년 정의골 역사가
산이 된 여자, 돌이 된 남자 설화가
한 폭의 그림으로 내 안에 걸린다

영등할망

며느리를 데리고 오셨나
고부갈등에 얼어붙은 마음 녹이지 못한 듯
매서운 눈초리로 불어대는 영등 칼바람
검은 암쇠 뿔도 오그라트릴 기세는 꽃눈을 시샘
쏟아내는 폭설로 인내의 씨앗을 뿌려
숨죽인 고사리 두릅 보리순
언 땅 뚫고 당당하게 고개 들어 올리게 하시네

딸아이 손을 잡고 오셨나
따스한 바람이 잔잔한 물결에 실려
배시시 웃는 햇살에 전복 소라 보말 속 비워
비워내는 마음에 채워 넣는 지혜의 씨앗 뿌려
촉촉이 내리는 빗방울에도 마음 젖을까
우장 씌워주며 오손도손 밀어 올리는 꽃눈
영등달 삭(朔)*에 들어와 망(望)*까지 제주섬을 돌아 보며
한해의 풍요와 안전을 관장하는 바람의 신 영등할망

며느리 데리고 오니 밭농사가 풍년이고
딸을 데리고 오니 바당 농사가 풍년이네

* 삭망(朔望) 초하루 보름

새미하로산당

서로를 의지하며
서걱이는 댓잎들 손짓
동고량 둘러매고 번 보던 태우리

사냥을 떠나려는 사농받치
잡초 뽑고 밀감 따던
여인의 그을린 얼굴들

흩어져 웅성이 다 휘어질 듯
한 줄기 흑룡만리로 이어져
지혈이 흐르는 자리

천기를 끌어안은
천년 팽나무 아래 차려진 제단에
풀어놓는 기원차롱, 염원차롱, 소원차롱

살손장오리오름

모홍혈 세 구멍에서 용출
360여 개의 오름을 누비며
사냥과 나무 열매에
의존해 떠돌아다니던 삼을라

오곡 씨앗과 가축을 거느리고
연일 포로 들어온
벼랑 국 삼 공주와 혼인지에서 혼인
신방 굴에서 배필을 맞이하자

정착된 생활을 추구하며 농사를 짓고
가축을 키울 비옥한 터전을 찾아다니다
설문대할망의 숨결을 품은
물장오리 산정호수에 앉아 목을 축이고

살손장오리 정상에 올라
사방을 둘러보던 삼을라
전신의 기를 모아
동시에 북쪽을 향하여 활시위를 당겼다

미래의 꿈을 향하여 날아가는 화살
고, 양, 부 삼성 신화의 터전이 정해지는 순간

나는 신화의 타임머신을 타고
화살촉이 떨어지는 방향을 주시하고 있다

봉개동 뒷술당

임 조방장 부친이 돌아가자
지관을 데리고
명당자리를 찾아다닌다

당팟에 이르러 주변을 살피는데
타고 다니던 애마가 화들짝 놀라
달려가 멈춘 그곳이 명당이라

효심이라는 타이틀로
당당하게 당에 불을 놓는 권세의 불길
맞설 힘은 없지만, 나약하지도 않아

무너지지 않으려 들어간 동백나무 숲
바위틈으로 땅의 기운을
하늘의 기를 빨아드려 자리한 신목

꺾이고 잘리는 수난 속에서도
가내 안녕을 자손 번창을 비손하는
아낙들의 간절한 염원을 담는다

방사 벽

역사 길을 따라 걸어가다 보았다

네가 올려놓는 돌
내가 올려놓는 돌
하나하나가 모여
마을 사람들의 안위를 걱정했던 마음을

밥솥, 밥주걱을 탑 아래 묻어
좋은 일 밥 푸듯 펴 오길
어렵고 힘든 일들
뜨거운 불길에도 견뎌내는 밥솥처럼

모든 재앙을 인내로 맞서주길 바라는
간절함을 담아 쌓아 올린 방사 벽을
세월의 흐름 위로 초라하게 허물어져 가는 돌무더기를

남생이 못*

기황후의 간절함이 깃든
득남 전설 틈으로 물 위의 요정들
살풋살풋 어깨 들썩이는 춤사위
바람이 그려내는 물비늘 속에서
남생이가 자맥질하는지 수초들이 흔들린다

이 연못에 치성을 드리면
아들이 태어났다는 남생(男生)이 못
남생이가 서식한다고 남생이 못
전해지는 이야기야
이러면 어떻고 저러면 어쩌랴

나는 남생이 못 습지를 수놓는
노란 어리연, 송이고랭이,
수련, 부들의 술렁거림 따라
남생이의 움직임을 포착하려
눈동자를 굴리고 있을 뿐이다

* 남생이 못 : 제주특별자치도 제주시 조천읍 신촌리 원당북로 생태습지
* 노랑어리연꽃 꽃말 : 물 위의 요정

겨울 한라산

겨울 햇살이 눈 부시게
겨울왕국을 향하여 걸어 들어오는
이 황홀한 설국에서
나 잠시 쉬었다 가려네

바람도 쉬었다 가네
뽀드득뽀드득 돋아나는 미소
온몸에 문질러 바르며
웃음소리들을 품어 안으며
차분하게, 부드럽게 호흡하는 한라산

하늘을 잡아당겨다 내려놓고
한라산 골 따라
햇살이 쉬었다 가네
후후 입김 불어 설화(雪花)를 피워내는 겨울 한라산

탱자나무 울타리

— 위리안치(圍籬安置)

그대 무슨 죄를 지었기에
탱자나무 울타리 두르고
날 세운 가시는 파수병 되어
파르르 떨고 있는 그대를 지키는지

날카로운 탱자 가시 사이로
희미하게라도 햇살 들어
훈풍으로 불어왔으면

애끓게 부르는 그대의 노래
탱자나무 하얀 꽃잎에 실려서
한양 골로 울려 펴지게

| 해설 |

수국이 쓴 산수국 같은 시

고성기(시인)

1. 수국 같은 시인

'나를 꽃에 비유하지 마세요. 나는 완상용(玩賞用)이 아니에요'라던 어느 시인의 말이 생각난다. 그러나 '사라악 한라구절초 누가 봐서 곱게 피나'라고 노래한 시인도 있다. 꽃은 그 자체로 존재하고 가치가 있다. 남자를 꽃에 비유한 경우는 못 보았으므로 아무래도 여인이 아름다운가 보다. 이무자 시인을 대할 때마다 6~7월 장마에 그 빛을 발하는 수국이 떠오르는 건 어쩔 수 없다. 화려하지 않으면서도 여유 있고 한 송이로 아름다운 것이 아니라 여럿이 어우러져 풍요로운 연보랏빛 수국! 그러면서도 오랫동안 지지 않고 피어 '열흘 가는 꽃이 없다'(花無十日紅)라는 말을 무색하게 만들어버리는 끈기와 무덤덤함. 내가 이무자 시인을 수국에 비유하는 이유는 그와 같은 특성이 그의 시를 이해하는 데 도움이 될 수 있기 때문이다.

이 글은 비평가의 눈으로 평가하는 시각이 아니라 그의 시를 깊이 보고 따뜻하게 이해하기 위한 독자의 감상이라고 보아야 할 것이다.

2. 평범한 일상에서 건져 올린 보석

초여름부터 제주의 숲길엔 산수국이 지천이다. 보통 수국과는 달리 꽃이 작고 파란 하늘빛에서 붉은 보랏빛이 되기까지 일곱 가지 색깔로 변화한다고 한다. 누가 보아주지 않아도 곱게 단장하고 앉은 시골 새색시 같은 꽃이다. 그 흔한 일상에서 찾아낸 옥 같은 보석! 반짝이지 않아도 마음에 다가와 안기는 삶의 진리가 산수국보다 곱다. 이무자 시인의 시가 바로 그렇다.

꽃씨만 심으면
꽃을 피운다는 것은
너와 내가 하나의 끈에 묶여
눈발 휘날리는 벌판에서 추위에 떨기도 하며
바람 솔솔 불어 꽃을 피우는 줄
쏟아지는 빗방울에 젖기도 하고
햇살을 기다리다 부서지는 바람 소리에
쓰러지고 다시 일어나는 시간의 무늬로
그때는 몰랐다
피어난다는 것을
열매를 맺는다는 것을
—「그땐 몰랐다」 전문

산수국이 그렇게 핀다. 그냥 피는 거 같지만 혹독한 추위와 목마름을 견디고 피기에 더욱 값진 것이다. 꽃이 꽃으로만 존재한다면 시인은 할 일이 없다. 꽃에서 인간으로 이미지의 확장이 평범에서 건져 올린 비범함의 표본이다.

> 쓰러지고 다시 일어나는 시간의 무늬로
> 그때는 몰랐다
> 피어난다는 것을
> 열매를 맺는다는 것을

맨 끝에 와야 할 '그때는 몰랐다'를 앞으로 배열함으로 '피어난다는 것을 /열매를 맺는다는 것을'을 돋보이게 하는 작은 변화가 산수국의 꽃 빛깔의 변하는 것과 어쩜 그리 같을까.

> 풋내가 스멀스멀 피어오르는 그 집
> 찌개 맛이 기가 막히다
> 인스턴트라고 살짝 귀띔 해주었다
>
> 끄덕끄덕 고개를 돌려
> 주방의 새댁 얼굴을 훔쳐보았다
> 사과 빛 볼에 수줍은 미소가 후식으로 나왔다
>
> 참 예쁘다
> 내 딸
> 꽃눈을 밀어 올리는 봄날
> —「맛있는 봄날」 전문

> 죽비 같은 파도 소리
> 귓전을 때리는 해안 길
> 무심코 들어선 무인카페

꽃차 한 잔을 들고
테라스 의자에 앉아 바라보는 노을빛
은은하게 피어오르는 찻잔 속 갈색 향

나는 노을을 바라보다
찻잔 속 가을을 바라보다
건져 낸 말
"참 이쁘다"
—「참 예쁘다」 전문

이 시인은 참 직설적이다. 깊이 생각하지 않아도 감동이 다가온다. 위에 예를 든 시가 그렇다 '참 예쁘다'라고 말해버리면 다 말해버린 것 같아서 여운이 남지 않을 것 같은데 외려 다 말해버려 시원하고 후련해지면서 감동이 다가온다.

3. 시적 모티브가 된 모성회귀(母性回歸)

그의 작품 곳곳에 보이는 어머니의 모습은 곧 자신의 모습이다. 연어가 다시 돌아오는 회귀 본능이 인간에게는 다시 태어난 곳으로 돌아가는 모성회귀가 나타나는 것은 당연한 일인지 모른다. 그러나 그의 시에 나타나는 어머니와 아버지는 아프다. 그러나 따뜻하다. 노송(老松)으로 상징되는 아버지는 바위같이 든든한 버팀목이다. '상처마저 살이 된 늙은 소나무'는 그를 지배하는 남성 모티브이다. 한편 '달빛'으로 상징되는 어머니는 달빛처럼 시리다. 때로는 '목련'으로 지기도 하는 어머니의 삶은 '이해할 수 없는 언어'가 되기도 하고

'가슴에 한으로 멈춘 세월 /한 줄 두 줄 시어로 풀어내시는 울 엄니' 에서는 그대로 시가 되기도 한다. 어머니의 삶을 '시'로 보는 시인의 안목이 아프다. 이는 이제 어머니로 나이 들어가는 자신이 다시 본래의 어머니로 돌아가는 과정인 것이다.

신촌 바닷가 올레길
갯바위를 베개 삼아
해풍을 품은 늙은 소나무가 길게 누워있다

누워있어도 향기는 여전히 짙어
코끝을 자극하는 세월의 깊이
딱딱하게 굳은살을
어루만져 보기도 하고 툭툭 쳐보기도 하지만
발길을 잡는 전율에 그저 바라볼 뿐
그 속을 들여다볼 수도 읽을 수도 없다

물결에 밀려 부서지는 파도를 닮은
내 아비의 삶을
다 읽을 수도 이해할 수도 없어
솔잎 끝보다 더 뾰족하게 쏘아붙이고
문 앞을 서성거리다
무작정 걸었던 그 날처럼

상처마저 살이 된 늙은 소나무 앞을 지나
끝이 보이지 않는 바다를 바라보며 걸어가는 길
계절은 또 지나간다
—「노송을 바라보며」 전문

파리한 달빛 나뭇가지에 걸리면
조용히 날 부르는 손짓
부스스 그림자 따라가는 눈동자

현관문 덜컹거리는 바람
문 두드리며 서 있는 어머니 인기척
반가운 마음에 달려가 문 열어보았지만

어머닌 어디에도 보이지 않고
바람마저 빠져나간 텅 빈 고요 속
너울너울 애틋한 함박눈 춤사위

멀찍이 웃으며 허공을 걸어오는 달빛
이 밤 달빛으로 오셨나요. 어머니
—「달빛으로」 부분

당신이
내게 전하고자 했던 말
알아듣지도 읽어내지도 못했습니다

소리 없이 힘겨운
입술의 움직임만 각인되어
파리하게 흐르는 여운

시리게 빗물이
목련 꽃잎에 떨어지던 날
떨림으로 흩어져간 당신의 언어

아직도 미상으로 내 눈가를 적십니다
—「목련꽃 지던 날」 전문

세상에서
가장 아름다운 이름 뒤에 감춰져
불리지도, 불으려 하지도 않는 이름

이순이 넘은 이 나이에도

당신의 본명 익숙하지 않아
엄마하고 부르면
눈물이 목구멍을 넘어
가슴 한쪽이 아려 오는 이름
—「본명」 전문

물방울이 눈으로 떨어져요

까막눈 울 엄니
밭일 마치고 저녁마다
주민 센터로
한글 배우러 가시더니
거북 등 같은 손으로
써 내려가는 기역니은
호미 잡고 밭 일구던 손
가슴에 한으로 멈춘 세월
한 줄 두 줄 시어로 풀어내시는 울 엄니
—「울 엄니」 전문

앞에서 보인 시 외에도 어머니의 온기는 그의 시 전체의 바탕이 되는 온돌방 같은 따뜻함으로 남아 있다. 아래 「그 마음」에서 잘 나타난 '시누님'의 정(情)이 바로 어머니에서 이어지는 것이기 때문이다.

계단 앞에 놓여있는
낯익지 않은 비료 마대
속을 들여다보니
참비름 한 줌, 대파 몇 뿌리, 상추 한 움큼
흙냄새 땀 냄새 한가득 담겨있다

조물조물 참비름 무치면서
파 송송 썰면서

눈꺼풀 깜박이면서
다리가 성치 않아 계단 앞에 두고 간
팔순 시누님의 얼굴을 떠올리면서

넓적한 상춧잎에
그 마음을 올려놓으니 한입 가득 볼이 터지겠다
—「그 마음」 전문

4. 이념이 아닌 아픔과 치유의 4.3

제주도 사람들은 누구나 아픔 하나 갖고 태어난다. 시대의 비극인 4.3사건이다. 1948년 무자년 당시 발발한 4.3은 최소 제주 인구의 1/10은 사망했으니 집집마다 슬픔을 간직하지 않은 사람이 없다. 아직도 한 마을에 가해자와 피해자가 서로 알면서 가슴을 움켜쥐고 살고 있으니 그 아픔은 이루 다 말할 수 없다. 이 아픔을 바라보는 시각은 서로 다르다. 이무자 시인은 정치나 이념은 아예 초월한 듯 아픔과 치유만 노래한다. 물론 직접 체험한 세대가 아닌 점도 있겠으나 건드려 괜히 상처를 덧나게 하는 것보다 무덤덤 아픔을 바라보고 그 아픔을 치유하는 것이 현명하다고 생각했을까.

입술을 깨물며
산을 올라야 했던
무자년 그해 그 겨울
진동하는 피비린내를 구전해주던
아버지도 삼촌들도 박성내 ᄃᆞ리도
연좌제에 걸릴까
4.3 공원 위령탑에
이름 석 자 올리지 못한

큰아버지의 4.3도
울 할머니 어깨에 숨죽여 흐느끼다
꽃비로 흩뿌려 날리다 사라져 가버렸다
—「사라져간 이름」 전문

4.3의 아픔을 속으로만 삭인 울 할머니가 꽃비로 날려 사라지기까지 그 아픔을 지켜보는 시인의 마음속에는 오뉴월에도 서리가 내린다는 여인의 한(恨)이 응결되어 있다. 이 시인에게 4.3의 아픔은 곧 여인의 아픔으로 투영된다. 할머니나 개똥이 어멍으로 상징되는 제주 여인들의 상처는 지금도 산수국 파란 멍으로 남아 있는 것이다.

시린 가지마다 매달더니
하얀 고깔 눌러쓰고 서리꽃으로 피었네

오뉴월
그 뜨거운 햇살도 녹이지 못하는 서리꽃으로
—「서리꽃」 부분

4.3에 지아비 잃고
시리도록 쏟아져 내리던 눈물보다
더 시린 아픔을 안고 살아가는 씨받이

애간장 끓어내는 짧은 인연
청산 허씨 종손 집 안방에 남겨두고
매정하게 돌아서는 개똥이 어멍

가슴으로 빚어내는 물빛 언어
속없다 흔들어대는 속절없는 바람
쓰러지지 않으려 피어나는 파리한 꽃잎

—「헛꽃」 전문

그러나 이 시인은 아픔을 가만히 응시하면서 왜 꽃을 떠올렸을까. 서리꽃, 산수국, 나아가 꽃비까지. 제주 여인의 한을 꽃으로 승화시킨 시인의 가슴이 깊다.

5. 서툰듯하지만 외려 세련된 시어들

이무자 시인의 시를 읽으면 묘한 마력에 빠지곤 한다. 뭔가 서툴고 세련되지 못한 느낌을 자주 받는다. 그 점이 그의 매력인지 모른다. 이건 이리 고쳤으면 하는 시구들이 더 읽다 보면 이상한 마력으로 나를 끌어들인다.

내 심장에 네가 있어
내 심장은 불꽃같이 뛰고 있습니다
그러나 차마 말할 수 없었습니다
당신과 함께하고 싶다고

열꽃으로 타오르는 가슴
끝내 열어 보일 수 없어서
온몸을 태우고 태우다
이 가을!
각혈하듯 핏빛 울음을 쏟아냅니다
—「꽃무릇」 전문

꽃무릇을 보며 '수도승의 사랑'을 생각하는 게 영 어색하다. 그 화려한 꽃을 보며 어찌 수도승을 떠올리며 그도 사랑을 생각했을까. 그러나 꽃무릇을 가만히 보고 있으면 그 타는듯한 열정이 금지된 사랑을 떠올리는 게 충분히 이해가 되면서 그 깊이를 생각하게 한다.

폭풍우에
떠밀려 떠돌다
제주의 거친 화산암에 잡혀

모질게 불어대는
짜디짠 갯바람에 맞서며
모래톱, 바위틈에 뿌리내리는 세월

온몸으로 전달하려는
가시 돋친 언어의 승화
내 안으로 들어와 노란 꽃등을 켠다
—「꽃등」 전문

숨 막히게 밀려드는
절박한 현실에 끼어
잡초로 뽑혀 버려질까

납작 엎드려
눈뜨는 순간부터
잠드는 순간까지

흔들려 쓰러지지 않으려
짧은 봄 햇살 한 줌을 기억하며
날아오르려 바람을 타는 민들레 홀씨
—「날아오르려」 전문

민들레를 바라보는 시인의 시선이 매우 단순하다. 이 점이 그의 시를 돋보이게 한다. 서툰 것 같은 능숙함이 '바람을 타는 민들레 홀씨'를 단단히 지탱하게 한다. 다음에 이어지는 「물들이다」나 「매니큐어」도 같은 선상에서 볼 수 있는 작품들이다.

길어도 자를 수 없고 닳아질까 애가 타
들려다 보고 또 들려다 보던
반달이. 초승달이. 그믐달이.
마른 잎 바스러지는
내 안에서 재잘재잘 꽃물을 들이고 있다
—「물들이다」 부분

시집간 딸아이의 방을 정리하다
내 눈 속으로 들어온 매니큐어

나는 훌쩍 날아 꽃그늘에 앉아
손톱에 꽃물을 들이고 있는데
어느새 단풍이 물들고 있었다

노을이 창가를 물들이고
바람 빠진 풍선이 쪼그려 앉아
스치듯 지나 가버린 시간들 위에 매니큐어를 덧칠하고 있다

후후 불면서 중얼거리면서
풍선에 바람을 불어놓듯
나는 나의 지난 시간을 완성하고 있었다

저기 아이들이 아이를 안고 들어온다
—「매니큐어」 전문

제주의 산야를 하얗게 수놓는 메밀꽃을 이리 곱게 표현할 수 있을까. 가난한 섬 재주에 설화와 역사를 버무려 시적 풍요를 가져온 것도 이 시인의 기교이고, '아낙

들 긴 한숨으로 뿌려져/하얗게 별을 쏟아내는 넌'으로 표현된 시구는 이효석의 수필을 넘어서고 있다.

> 올해도 흉년이라며
> 아낙들 긴 한숨으로 뿌려져
> 하얗게 별을 쏟아내는 넌
>
> 화산섬 거친 땅
> 돌 바람 외세에 시달려
> 허기진 배를 채워주던 메밀 범벅으로
>
> 짭조름한 무채에 어우러져
> 동이 구덕 가득 정을 담아
> 울담 넘어 부조를 전하는 빙떡으로
>
> 자청비의 설화를
> 삼별초의 역사를 둘둘 버무린
> 울 할머니 쌈지 속 이야기로 흐드러지게 피어나네
> —「메밀꽃 흐드러지게 피면」 전문

그 외에도 백담계곡에 쌓인 많은 돌탑들을 보며 '숨을 참으며/나를 들어 나를 올려놓고' '두 손 모아 드리는 기원'이나 「봄비」에서 '속살속살/안개비 속을 걸어 나오는 꽃눈'이라고 고사리를 표현한 시구들은 이 시인이 시어의 조탁(彫琢)에 얼마나 힘쓰는지를 잘 보여주고 있다.

6. 서정과 서사의 융합

문학의 본령은 크게 '서정'과 '서사'로 나눌 수 있다.

서정을 대표하는 문학이 '시'라면 서사를 대표하는 문학이 '소설'과 '희곡'이다. 그러나 오늘날 서정과 서사의 구분이 뚜렷하지 않고 함께 써서 시너지 효과를 거두는 경우도 허다하다. 아무리 순수 서정이라 해도 스토리가 없을 수 없고, 스토리 중심인 소설이나 희곡도 서정성이 가미되어야 그 효과가 극대화되는 것이다. 이런 점에서 이무자 시인이 4부에서 노래한 다수의 시편들은 제주의 '신화와 전설'을 노래한 시들이다. 그가 살고 있는 제주시 봉개동의 숨겨진 이야기들이며 신화의 보고의 제주의 수많은 신들의 이야기를 시로 풀어내는 것은 제주지역 시인들의 공통과제라 할 것이다.

여기에서는 세 편의 시만 언급하기로 하겠다.

> 기황후의 간절함이 깃든
> 득남 전설 틈으로 물 위의 요정들
> 살풋살풋 어깨 들썩이는 춤사위
> 바람이 그려내는 물비늘 속에서
> 남생이가 자맥질하는지 수초들이 흔들린다
>
> 이 연못에 치성을 드리면
> 아들이 태어났다는 남생(男生)이 못
> 남생이가 서식한다고 이 못
> 전해지는 이야기야
> 이러면 어떻고 저러면 어쩌랴
>
> 나는 남생이 못 습지를 수놓는
> 노란 어리연, 송이고랭이,
> 수련, 부들의 술렁거림 따라
> 남생이의 움직임을 포착하려
> 눈동자를 굴리고 있을 뿐이다

—「남생이못」 전문

임조방장 부친이 돌아가자
지관을 데리고
명당자리를 찾아다닌다

당팟에 이르러 주변을 살피는데
타고 다니던 애마가 화들짝 놀라
달려가 멈춘 그곳이 명당이라

효심이라는 타이틀로
당당하게 당에 불을 놓는 권세의 불길
맞설 힘은 없지만, 나약하지도 않아

무너지지 않으려 들어간 동백나무 숲
바위틈으로 땅의 기운을
하늘의 기를 빨아드려 자리한 신목

꺾이고 잘리는 수난 속에서도
가내 안녕을 자손 번창을 비손하는
아낙들의 간절한 염원을 담는다
—「봉개동 뒷술당」 전문

며느리를 데리고 오셨나
고부갈등에 얼어붙은 마음 녹이지 못한 듯
매서운 눈초리로 불어대는 영등 칼바람
검은 암쇠 뿔도 오그라트릴 기세는 꽃눈을 시샘
쏟아내는 폭설로 인내의 씨앗을 뿌려
숨죽인 고사리 두릅 보리순
언 땅 뚫고 당당하게 고개 들어 올리게 하시네

딸아이 손을 잡고 오셨나
따스한 바람이 잔잔한 물결에 실려

배시시 웃는 햇살에 전복 소라 보말 속 비워
비워내는 마음에 채워 넣는 지혜의 씨앗 뿌려
촉촉이 내리는 빗방울에도 마음 젖을까
우장 씌워주며 오손도손 밀어 올리는 꽃눈
영등달 삭(朔)에 들어와 망(望)까지 제주섬을 돌아보며
한해의 풍요와 안전을 관장하는 바람의 신 영등할망

며느리 데리고 오니 밭농사가 풍년이고
딸을 데리고 오니 바당 농사가 풍년이네
—「영등할망」 전문

위에서 보는 시편에서 이야기를 서정화 하기가 어렵다는 사실을 알게 된다. 이야기는 이야기이기 때문이다.

그러나 「남생이못」에서 보여주는 해학이 뛰어나고 「봉개동 뒷술당」에서는 시인이 거주하는 고향 봉개동에 얽힌 전설을 잘 풀어내고 있다. 「영등할망」은 영등할망 신화를 알기 쉽게 이야기하면서도 서정성을 가미하여 한 편의 노래로 불려도 좋을 만큼의 문학적 성과를 거두고 있다. 이렇듯 서사를 노래하는 것은 쉽지 않으나 앞으로 그 영역을 넓혀가야 할 과제라 할 것이다.

7. 마무리하며

나는 시조를 쓰는 사람이다. 그러고 평론을 전공한 사람도 아니다. 그러다 보니 자유시의 발문을 쓰기엔 한참 모자란 게 사실이다. 그러니 많이 읽을 수밖에 없었다. 나와 함께 10여 년을 '운앤율' 동인으로 함께 공

부하면서 쌓은 인(因)이 발문을 쓰는 연(緣)으로 이어져 피할 수 없는 고통이었다. 그러나 이무자 시인의 시를 읽으면서 뭔가 덜 세련되고 서툰듯한 시구들이 외려 매끄럽게 줄줄 써 내려간 유명 시인들의 작품보다 가슴에 와닿는 감동이 컸다. 단순하면서도 선이 굵고 넉넉한 수국 같은 시인! 제주 산야 어디에나 지천으로 피어 귀하지 않은 그러나 신비로운 산수국과 같은 시들! 그의 두 번째 시집이 갖는 매력이다.

선배 문인으로서 이무자 시인의 무한한 발전을 기원한다. 다음 제3시집은 좀 더 세련된 영역의 시(비유와 상징이 돋보이는)를 기대하는 마음도 크다.